AF296002

LETTRE PASTORALE

DE SON ÉMINENCE

MONSEIGNEUR LE CARDINAL DE BONNECHOSE,

ARCHEVÊQUE DE ROUEN,

PRIMAT DE NORMANDIE, etc., etc.,

AU CLERGÉ DE SON DIOCÈSE,

PORTANT PROMULGATION D'UNE ENCYCLIQUE DE S. S. LE PAPE PIE IX.

⊱━✦━⊰

Rouen, 30 novembre 1870,
Fête de saint André, apôtre et martyr.

Nos chers Coopérateurs,

Dans notre Lettre du 21 octobre dernier, nous vous avons communiqué celle par laquelle le Saint-Père informait les Cardinaux des nouveaux attentats commis contre le Saint-Siége et de l'invasion de Rome par les troupes du roi Victor-Emmanuel.

Depuis lors, le Souverain Pontife nous a adressé une Encyclique dans laquelle il énumère les atteintes successives portées à ses droits et à ceux de l'Église par le gouvernement subalpin, et enfin il fulmine l'excommunication contre les coupables auteurs de ces usurpations et de ces violences.

Conformément au désir qui nous est exprimé par S. Exc. le Nonce de Sa Sainteté, nous vous envoyons ce document, afin que vous connaissiez d'une manière complète (et qu'au besoin vous puissiez faire connaître) quelle est, dans ces temps malheureux, la véritable situation de l'Église et de son Chef, ainsi que les peines et les censures décernées contre ceux qui lui ravissent son domaine temporel et sa liberté.

Nous vous adressons en même temps le texte d'un décret qui prescrit que désormais la Messe et l'Office de saint Paul de la Croix seront d'obligation dans toute l'Église et fixés au 28 avril.

Recevez, nos chers Coopérateurs, l'assurance de notre bien affectueux dévouement.

† HENRI, CARDINAL DE BONNECHOSE,
Archevêque de Rouen.

ENCYCLIQUE

DE NOTRE SAINT-PÈRE

LE PAPE PIE IX

A TOUS LES

PATRIARCHES, PRIMATS, ARCHEVÊQUES,
ÉVÊQUES, ET AUTRES ORDINAIRES DES
LIEUX EN GRACE ET COMMUNION AVEC
LE SIÉGE APOSTOLIQUE.

—※—

PIE IX PAPE.

VÉNÉRABLES FRÈRES,

Salut et Bénédiction apostolique.

Lorsque nous jetons nos regards en arrière et que nous considérons tout ce que fait le Gouvernement subalpin depuis plusieurs années, par une série non interrompue de complots, pour renverser le Gouvernement civil confié par une providence spéciale de Dieu à ce Siége apostolique dans le but d'assurer aux successeurs du bienheureux Pierre la pleine liberté et la sécurité qui leur sont nécessaires dans l'exercice de leur juridiction, nous ne pouvons, Vénérables Frères, nous empêcher de ressentir la plus profonde douleur à la vue d'une telle conspiration ourdie contre l'Église de Dieu et contre ce Saint-Siége. Dans ces jours d'affliction, où ce même Gouvernement, suivant les conseils des sectes de perdition, a consommé contre tout droit, par la violence et par les armes, l'invasion sacrilége qu'il méditait depuis longtemps de notre ville sainte et du reste de nos États qui avait

---

SANCTI DOMINI NOSTRI

PII

DIVINA PROVIDENTIA

PAPÆ IX

EPISTOLA ENCYCLICA

AD OMNES PATRIARCHAS, PRIMATES, AR-
CHIEPISCOPOS, EPISCOPOS, ALIOSQUE LO-
CORUM ORDINARIOS, GRATIAM ET COMMU-
NIONEM CUM APOSTOLICA SEDE HABENTES.

—※—

PIUS PP. IX.

VENERABILES FRATRES,

Salutem et apostolicam Benedictionem!

Respicientes ea omnia quæ Subalpinum Gubernium pluribus ab annis non intermissis molitionibus gerit ad evertendum civilem Principatum singulari Dei providentia huic apostolicæ Sedi concessum, ut beati Petri successores in exercitio spiritualis suæ jurisdictionis necessaria ac plena libertate et securitate uterentur, fieri non posset, VV. FF., ut in tanta contra Ecclesiam Dei et Sanctam hanc Sedem conspiratione intimo cordis Nostri dolore non moveamur; atque hoc tam luctuoso tempore, quo idem Gubernium sectarum perditionis consilia sequens, sacrilegam almæ Urbis Nostræ et reliquarum civitatum, quarum Nobis imperium ex superiori usurpatione supererat, invasionem quam jamdiu meditabatur, contra omne fas vi armisque complevit, dum Nos arcana Dei consilia coram Ipso prostrati humiliter veneramur, illam prophetæ vocem usurpare cogimur : « Ego plorans et oculus meus deducens aquas, quia longe factus est a me consolator convertens animam meam; facti sunt filii mei perditi quoniam invaluit inimicus (1). »

Satis quidem, VV. FF., a Nobis exposita et catholico orbi jamdiu patefacta est nefarii hujus belli historia, idque fecimus pluribus Allocutionibus Nostris, Encyclicis, Brevibusque litteris diverso tempore habitis aut datis, nempe diebus 1 novemb. an. 1850, 22 jan. et 26 julii 1855, 18 et 28 junii et 26 sept. 1859, 19 jan. 1860, ac apostolicis Litteris 26 martii 1860, Allocutionibus deinde 28 sept. 1860, 18 martii et 30 sept. 1861 et 20 sept., 17 octob. et 14 novemb. 1867.

Horum documentorum serie perspectæ atque exploratæ fiunt gravissimæ injuriæ a Subalpino Gubernio jam ante ipsam ecclesiasticæ ditionis superioribus annis incœptam occupationem Supremæ Nostræ et hujus Sanctæ Sedis auctoritati illatæ, tum legibus contra naturale, divinum et ecclesiasticum jus rogatis, tum sacris ministris, religiosis familiis et Episcopis ipsis indignæ vexationi subjectis, tum obligatam solemnibus conventionibus cum eadem apostolica Sede initis fidem infringendo, atque earum inviolabile jus præfracte denegando vel eo ipso tempore, quo novas

échappé à une usurpation antérieure, adorant, humblement prosterné, les secrets desseins de Dieu, nous sommes réduit à emprunter ces paroles du prophète : « Je pleure, et mes yeux répandent des torrents de larmes, parce que celui qui devait me consoler s'est retiré loin de moi; mes enfants ont été perdus, parce que l'ennemi qui s'est élevé contre moi a prévalu. »

Depuis longtemps, VV. FF., nous avons suffisamment raconté et dévoilé à l'univers catholique l'histoire de cette guerre impie. Nous l'avons fait dans nos nombreuses Allocutions, Encycliques et Brefs publiés à différentes dates, notamment le 1er novembre 1850, le 22 janvier et le 26 juillet 1855, les 18 et 28 juin et le 26 septembre 1859, le 19 janvier 1860, ainsi que dans nos Lettres apostoliques du 26 mars 1860, puis dans nos Allocutions des 28 septembre 1860, 18 mars et 30 septembre 1861, et des 20 septembre, 17 octobre et 14 novembre 1867.

La série de ces pièces rend clairs et évidents les immenses préjudices que le Gouvernement subalpin, dès avant l'occupation des États de l'Église entreprise dans ces dernières années, a portés à notre autorité suprême ainsi qu'à celle de ce Saint-Siége. On y voit des lois portées contre le droit naturel, le droit divin et le droit ecclésiastique. On y voit les ministres sacrés, les communautés religieuses, les évêques eux-mêmes soumis à d'indignes vexations. On y voit enfin ce Gouvernement violant la foi jurée dans des conventions solennellement conclues avec ce

---

(1) Jerem., thr. I, 16.

4

même Siége apostolique, et refusant opiniâtrément de reconnaître le droit inviolable qu'elles avaient créé, au moment même où il témoignait l'intention d'ouvrir de nouvelles négociations avec nous.

Ces mêmes pièces mettent en pleine lumière, VV. FF., et la postérité tout entière le verra, les artifices, les perfides et indignes complots par lesquels ce même Gouvernement est parvenu à fouler aux pieds la justice et la sainteté des droits du Siége apostolique, et chacun y apprendra en même temps ce qu'il nous en a coûté pour réprimer, autant qu'il nous était possible, son audace qui croissait de jour en jour, et pour défendre la cause de l'Église.

Vous avez vu, en 1859, ce Gouvernement subalpin employer les écrits clandestins, les conspirateurs, les armes et l'argent, pour soulever les principales villes de l'Émilie, puis, quelque temps après, acheter les suffrages pour se procurer un plébiscite, et sous le couvert de ce déguisement, à la faveur de ce nom, arracher, en dépit des réclamations des honnêtes gens, à notre autorité paternelle les provinces situées dans cette région. Personne n'ignore que, l'année suivante, ce même Gouvernement, voulant faire sa proie des autres provinces du Saint-Siége situées dans le Picenum, l'Ombrie et le Patrimoine, lança à l'improviste, sous un faux prétexte, une armée immense contre nos soldats et contre cette poignée de jeunes volontaires que l'esprit de religion et la piété envers le Père commun avaient fait voler à notre défense de tous les points du globe, les enveloppa, et, avant même qu'ils eussent soupçonné une attaque si

Nobiscum tractationes inire velle significabat.

Ex iisdem documentis plane liquet, VV. FF., totaque videbit posteritas, quibus artibus et quam callidis ac indignis molitionibus idem Gubernium ad justitiam et sanctitatem jurium hujus apostolicæ Sedis opprimendam pervenerit; ac simul cognoscet quæ curæ Nostræ fuerint in illius audacia, quæ augebatur in dies, quantum in Nobis erat compescenda atque in Ecclesiæ causa vindicanda.

Probe nostis anno 1859 ab ipsa Subalpina potestate præcipuas Æmiliæ civitates, submissis scriptis, conspiratoribus, armis, pecunia ad perduellionem fuisse excitatas; nec multo post, comitiis populi indictis, captatisque suffragiis plebiscitum confictum esse, eoque fuco et nomine provincias Nostras in ea regione positas a paterno Nostro imperio, bonis frustra refragantibus, avulsas. Perspectum quoque est, anno deinde consequuto, idem Gubernium ut alias hujus S. Sedis provincias in Piceno, Umbria et Patrimonio sitas in prædam suam converteret, dolosis prætextibus adductis, improviso impetu milites Nostros et voluntariam catholicæ juventutis manum, quæ religionis spiritu et pietate erga communem Parentem adducta ex omni orbe ad defensionem Nostram convolaverat, magno circumvenisse exercitu, eosque tam subitam irruptionem minime suspicantes, impavide tamen pro religione certantes cruento prœlio oppressisse. Neminem latet insignis ejusdem Gubernii impudentia et hypocrisis, qua ad minuendam sacrilegæ hujus usurpationis invidiam jactare non dubitavit se illas invasisse provincias ut principia moralis ordinis ibi restitueret, dum tamen reipsa ubique falsæ cujusque doctrinæ diffusionem cultumque promovit, ubique cupiditatibus et impietati habenas laxavit, immeritas etiam pœnas sumens de sacris Antistitibus, de ecclesiasticis cujusque gradus viris, quos in custodiam abripuit et publicis contumeliis vexari permisit, cum interea insectatoribus et iis qui ne Supremi quidem Pontificatus dignitate in persona humilitatis Nostræ parcebant, impune esse pateretur.

Constat præterea Nos debito officii Nostri munere non solum iteratis semper obstitisse consiliis et postulationibus Nobis oblatis, quibus agebatur ut officium Nostrum turpiter proderemus, vel scilicet juribus et possessionibus Ecclesiæ dimissis ac traditis, vel nefaria cum usurpatoribus conciliatione inita; verum etiam Nos iniquis hisce ausibus et fascinoribus contra omne humanum et divinum jus perpetratis solemnes protestationes coram Deo et hominibus opposuisse, illorumque auctores et fautores ecclesiasticis censuris obstrictos declarasse et quatenus opus esset iisdem censuris in illos denuo animadvertisse.

Denique exploratum est prædictum Gubernium in sua contumacia suisque machinationibus nihilominus perstitisse rebellionemque in reliquis Nostris provinciis et

subite, fit un sanglant massacre de ces héros combattant pour la religion. Qui ne sait l'insigne impudence et l'hypocrisie de ce Gouvernement qui, pour diminuer l'odieux de cette usurpation sacrilége, n'hésita pas à proclamer qu'il avait envahi ces provinces pour y rétablir les principes d'ordre moral, tandis, en réalité, que partout il encouragea la propagation et le culte de toutes les fausses doctrines, et lâcha les rênes aux passions et à l'impiété, maltraitant indignement les évêques et les ecclésiastiques de tout rang, qu'il jeta dans les prisons ou laissa en butte à des outrages publics, et accordant au contraire l'impunité à leurs persécuteurs et à ceux qui n'épargnaient même pas dans notre humble personne la dignité du souverain pontificat?

Mais tous savent aussi que, fidèle à l'accomplissement de notre devoir, non content de fermer l'oreille aux conseils et aux demandes qui nous ont été maintes fois adressés de trahir honteusement notre devoir, soit en abandonnant et en livrant les droits et les possessions de l'Eglise, soit en consentant à une criminelle conciliation avec les usurpateurs, nous avons encore opposé, devant Dieu et devant les hommes, à cette audace impie et à ces attentats commis contre tout droit divin et humain, de solennelles protestations, déclaré leurs auteurs et fauteurs atteints par les censures ecclésiastiques et renouvelé ces censures chaque fois qu'il en a été besoin.

Personne n'ignore enfin que ce même Gouvernement, persistant néanmoins dans sa contumace, continua ses machinations et s'occupa sans relâche d'exciter la ré-

volte dans le reste de nos provinces et surtout dans Rome, au moyen d'émissaires
chargés d'y porter le trouble et par tous
les moyens possibles. Mais tous ces efforts
vinrent échouer devant l'inébranlable
fidélité de nos soldats et devant l'amour
dont nos peuples nous donnèrent constamment les plus éclatants témoignages; jusqu'à ce qu'enfin vint éclater sur nos têtes
l'effroyable tempête de l'automne 1867.
Alors des bandes de scélérats dont plusieurs étaient venus secrètement depuis
longtemps se fixer dans Rome même, en-
flammés par la rage et les passions les
plus criminelles et aidés des subsides de
ce même Gouvernement, se ruèrent sur
nos frontières et sur notre capitale. Nous
avions tous les malheurs à craindre,
comme la suite le fit voir, pour nous et
pour nos bien-aimés sujets, de leur
cruauté, de leurs armes et de leurs pro-
jets sanguinaires. Mais Dieu, dans sa miséricorde, rendit vains leurs efforts en
face de la bravoure de nos troupes et de
la valeur des légions que l'illustre nation
française envoya à notre secours.

Au milieu de ces luttes, au milieu de
cette longue série de périls, d'inquiétudes
et d'amertumes, la divine Providence
nous ménageait une immense consolation
dans la piété et le dévouement dont vous-
mêmes, VV. FF., et vos fidèles nous
avez donné des preuves continuelles par
vos démonstrations touchantes et vos
œuvres de charité pour nous et pour ce
Siége apostolique. Quoique les lourdes
épreuves que nous traversions nous lais-
sassent à peine quelque trêve, jamais
cependant, grâce à Dieu, nous n'avons
rien omis de ce qui pouvait assurer la

in Urbe præsertim promovere immissis
perturbatoribus ac omnis generis artibus
sine intermissione curavisse. Hisce autem
conatibus minime ex sententia proceden-
tibus propter inconcussam Nostrorum militum fidem, Nostrorumque populorum
amorem ac studium insigniter et constanter Nobis declaratum, turbulentam demum
illam tempestatem in Nos erupisse anno
1867, quum autumni tempore conversæ
in Nostros fines et hanc Urbem fuerunt
perditissimorum hominum cohortes sce-
lere et furore inflammatæ et subsidiis Gubernii ejusdem, adjutæ, quorum ex numero occulti plures in ipsa hac Urbe pri-
dem consederant; atque ab earum vi cru-
delitate et armis omnia Nobis Nostrisque
dilectissimis subditis acerba et cruenta ti-
menda erant, uti liquido apparuit, nisi
Deus misericors earumdem impetus et
strenuitate Nostrarum copiarum et valido
legionum auxilio ab inclyta natione Galli-
ca Nobis submisso irritos reddidisset.

In tot vero dimicationibus, in tanta pe-
riculorum, sollicitudinum, acerbitatum serie, maximum Nobis interim divina Providentia solatium conferebat ex præclara
vestra, VV. FF., vestrorumque Fidelium
erga Nos et hanc apostolicam Sedem pietate ac studio, quod et insignibus significa-
tionibus editis et catholicæ charitatis operi-
bus jugiter demonstratis. Et quamquam gravissima in quibus versabamur discrimina
vix aliquas Nobis inducias relinquerent,
nihil tamen unquam, Deo Nos confortante,
curarum remisimus, quæ ad temporalem
subditorum Nostrorum prosperitatem tuen-

dam pertinebant; ac quæ esset apud Nos tranquillitatis et securitatis publicæ ratio, quæ optimarum quarumcumque disciplinarum et artium conditio, quæ populorum Nostrorum erga Nos fides et voluntas omnibus nationibus facile innotuit, ex quibus advenæ frequentissimi in hanc Urbem occasione præsertim plurium celebritatum, quas peregimus, sacrorumque solemnium seriatim omni tempore confluxerunt.

Jamvero cum res ita se haberent Nostrique populi tranquilla pace fruerentur, Rex Subalpinus ejusque Gubernium capta occasione ingentis inter duas potentissimas Europæ nationes flagrantis belli, quarum cum altera pepigerant se inviolatum servaturos præsentem ecclesiasticæ ditionis statum, nec a factiosis violari passuros, protinus reliquas dominationis Nostræ terras Sedemque ipsam Nostram invadere et in suam potestatem redigere decreverunt. At quorsum hæc hostilis invasio, quænam causæ præferebantur? Notissima profecto cuique sunt ea quæ in Epistola Regis die 8. proxime elapsi septembris ad Nos data et per ipsius Oratorem ad Nos destinatum Nobis tradita disseruntur, in qua longo fallacique verborum et sententiarum ambitu, ostentatis amantis filii et catholici hominis nominibus causaque obtenta publici ordinis, Pontificatus ipsius et personæ Nostræ servandæ, illud poscebatur, ne temporalis nostræ potestatis eversionem velut hostile facinus vellemus accipere, atque ultro eadem potestate cederemus; futilibus confisi sponsionibus ab ipso oblatis, quibus vota, ut aiebat, populorum Italiæ cum supremo spiritualis romani

8

prospérité temporelle de nos sujets. Ce qu'était en effet notre sollicitude pour la tranquillité et la sécurité publiques, ce qu'était chez nous l'état florissant des sciences et des arts, ce qu'étaient enfin la fidélité et l'attachement de nos peuples pour nous, toutes les nations ont pu facilement le constater, car les étrangers ont afflué dans cette ville, surtout à certaines fêtes extraordinaires que nous avons célébrées, et sont accourus à l'envi de tout temps à nos solennités sacrées.

Telle était notre situation, et nos populations jouissaient tranquillement de la paix, lorsque, saisissant l'occasion d'une grande guerre qui met aux prises deux des plus puissantes nations de l'Europe, avec l'une desquelles ils s'étaient engagés par un traité à conserver intact le domaine de l'Église dans l'état où il se trouvait alors, et à ne pas le laisser violer par les factieux, le Roi de Piémont et son gouvernement résolurent d'envahir sans plus tarder et de réduire sous leur domination le reste des provinces qui nous étaient soumises et le siége même de notre pouvoir. Or, pourquoi cette invasion hostile? Quels motifs mettait-on en avant? Tout le monde sait ce qui nous avait été notifié dans une lettre du Roi, écrite en date du 8 septembre dernier, et qui nous fut remise par un ambassadeur délégué près de nous. Dans cette lettre, au milieu d'un déluge de paroles trompeuses et de phrases où l'on faisait ostentation d'amour filial et de piété catholique, on nous demandait pour un motif d'ordre public et dans le but de sauver notre pontificat et notre personne, de ne pas prendre comme un acte d'hosti-

lité le renversement de notre pouvoir temporel, et d'abandonner de nous-même ce
pouvoir en nous fiant aux futiles garanties qu'on nous offrait, garanties qui per-
mettraient de concilier ce qu'on appelait
les vœux de l'Italie avec les droits su-
prêmes et le libre exercice de l'autorité
spirituelle du Pontife romain.

Certes, nous n'avons pu ne pas éprouver
un profond étonnement en voyant les motifs
sous lesquels on s'efforçait de couvrir et de
dissimuler la violence qu'on devait nous
faire. Nous n'avons pu nous empêcher
davantage de déplorer, au fond de notre
cœur, le rôle de ce même roi, qui,
poussé par des conseils pervers, inflige
chaque jour à l'Église de nouvelles bles-
sures, et qui, tenant plus compte des
hommes que de Dieu, ne songe pas qu'il
est au ciel un Roi des rois, un Seigneur
des seigneurs, lequel « ne fera exception
de personne, n'aura égard à la grandeur
de personne, parce que c'est lui-même
qui a fait les petits et les grands, et qu'il
réserve aux plus puissants les plus redou-
tables châtiments. »

Mais quant aux propositions qui nous
étaient faites, nous n'avons pas cru devoir
hésiter, obéissant en cela à notre devoir
et à notre conscience, de suivre les traces
de nos prédécesseurs, en particulier celles
de Pie VII, d'heureuse mémoire, et nous
aimons à répéter ici comme exprimant
nos propres sentiments, les paroles si
pleines de fermeté qu'il prononça dans
une situation semblable à la nôtre. « Nous
« nous souvenions avec saint Ambroise

Pontificis auctoritatis jure et libertate con-
ciliarentur.

Nos equidem non potuimus non vehe-
menter mirari, videntes qua ratione vis
quæ Nobis brevi inferenda erat obtegi et
dissimulari vellet, nec potuimus non dolere
intimo animo vicem Regis ejusdem qui
iniquis consiliis adactus nova in dies Ecclesiæ vulnera inligit et hominum magis
quam Dei respectu habito non cogitat esse
in cœlis Regem regum et Dominum domi-
nantium, qui « non subtrahet personam
cujusquam, nec verebitur magnitudinem
cujusquam, quoniam pusillum et magnum
ipse fecit, fortioribus autem fortior instat
cruciatio (2). »

Quod autem attinet ad propositas Nobis
postulationes cunctandum Nobis non esse
censuimus, qui officii et conscientiæ legibus parentes, Prædecessorum Nostrorum
exempla sequeremur, ac præsertim fel.
rec. Pii VII, cujus invecti animi sensa ab
eo prolata in simili prorsus causa, ac Nostra est, hic uti Nobis communia exprimere
ac usurpare juvat. « Memineramus cum
« S. Ambrosio (3) *Nabuth sanctum virum,*
« *possessorem vineæ suæ, interpellatum pe-*

____

(2) Sap. VI, 8 et 9.
(3) De Basil. trad. n. 17.

« *titione regia ut vineam suam daret , ubi*
« *rex succisis vitibus olus vile sereret,*
« *eumdem respondisse : Absit ut ego pa-*
« *trum meorum tradam hæreditatem.* Mul-
« to hinc minus fas esse Nobis judicavi-
« mus tam antiquam ac sacram hæredita-
« tem (temporale scilicet Sanctæ hujus
« Sedis Dominium non sine evidenti Provi-
« dentiæ divinæ consilio a Romanis Ponti-
« ficibus prædecessoribus Nostris tam lon-
« ga sæculorum serie possessum) tradere,
« aut vel tacite assentiri ut quis Urbe
« principe Orbis catholici potiretur, ubi
« perturbata destructaque sanctissima re-
« giminis forma, quæ a Jesu Christo
« Ecclesiæ sanctæ suæ relicta fuit, atque
« a sacris canonibus Spiritu Dei conditis
« ordinata, in ejus locum sufficeret Codi-
« cem non modo sacris canonibus, sed
« evangelicis etiam præceptis contrarium
« atque repugnantem, inveheretque, ut
« assolet, novum hujusmodi rerum ordi-
« nem qui ad consociandas confundendas-
« que sectas superstitionesque omnes cum
« Ecclesia catholica manifestissime tendit.

« *Nabuth vites suas vel proprio cruore*
« *defendit* (4). Num poteramus Nos, quid-
« quid tandem eventurum esset Nobis,
« non jura possessionesque sanctæ Roma-
« næ Ecclesiæ defendere, quibus servandis,
« quantum in Nobis est, solemnis jurisju-
« randi Nos obstrinximus religione ? vel
« non libertatem apostolicæ Sedis cum li-

« *que le saint homme Naboth , possesseur*
« *d'une vigne, sommé par le roi de la lui*
« *céder, pour y planter de vils légumes à*
« *la place des ceps , répondit : A Dieu ne*
« *plaise que je cède l'héritage de mes*
« *pères !* Nous avons donc cru qu'il nous
« était bien moins permis encore de livrer
« nous-même un héritage si antique et si
« sacré (c'est-à-dire le domaine temporel
« de ce Saint-Siége , que les Pontifes
« romains , nos prédécesseurs , ont pos-
« sédé pendant une si longue suite de
« siècles , non sans un dessein évident de
« la divine Providence), ou de consentir
« tacitement à ce que quelqu'un s'empare
« de la capitale du monde catholique avec
« l'intention d'y troubler et d'y détruire
« la forme la plus respectable de gouver-
« nement que Jésus-Christ a léguée à son
« Église et que les saints canons inspirés
« par l'Esprit de Dieu ont établie, pour
« lui substituer un code non-seulement
« contraire et opposé aux saints canons ,
« mais encore aux préceptes évangéliques,
« et introduire comme toujours à sa place
« un nouvel ordre de choses qui ne tend
« à rien moins qu'à associer et à con-
« fondre avec l'Église catholique toutes
« les sectes et toutes les superstitions.

« *Naboth défendit ses vignes au prix*
« *même de son sang.* Pouvions-nous, quoi
« qu'il dût nous en arriver, ne pas dé-
« fendre les droits et les possessions de la
« sainte Église romaine, nous qui nous
« sommes engagé, par un serment so-
« lennel, à les conserver autant qu'il est
« en nous ? Nous était-il possible de ne

(4) S. Ambr. ibid.

10

« pas revendiquer la liberté du Siége
« apostolique, si intimement liée à la
« liberté et aux intérêts de l'Église
« universelle ?

« Les événements actuels (n'y aurait-il
« pas d'autres arguments) ne démontrent
« que trop de quelle opportunité et de
« quelle nécessité est le pouvoir temporel
« pour assurer au Chef suprême de l'Eglise
« le sûr et libre exercice du pouvoir spi-
« rituel qu'il a reçu de Dieu sur le monde
« entier. »

Animé de ces mêmes sentiments, que
nous avons constamment manifestés dans
nos Allocutions, nous avons, dans notre
réponse au Roi, rejeté ses injustes demandes, de manière cependant à lui
faire voir avec l'amertume de notre cœur
la charité d'un père qui ne sait fermer son
cœur même aux enfants qui imitent la
révolte d'Absalon.

Notre lettre n'était pas encore parvenue
au Roi, que déjà son armée occupait les
villes, jusqu'ici libres et paisibles, de
notre État pontifical, après en avoir facilement dispersé les garnisons là où elles
s'efforçaient de résister. Bientôt se leva
le jour néfaste du 20 septembre dernier,
où nous vîmes cette ville, siége du Prince
des Apôtres, centre de la religion catholique, et refuge de toutes les nations,
assiégée par plusieurs milliers de soldats.
La brèche fut faite à ses murs ; les pro-
jectiles pleuvant dans son enceinte por-
tèrent partout la terreur, et nous eûmes
la douleur de voir Rome emportée d'as-

« bertate atque utilitate Ecclesiæ universæ
« adeo conjunctam vindicare ?

« Ac quam magnà revera sit temporalis
« hujus Principatus congruentia atque ne-
« cessitas ad asserendum Supremo Eccle-
« siæ capiti tutum ac liberum exercitium
« spiritualis illius, quæ divinitus Illi toto
« orbe tradita est, potestatis, ea ipsa,
« quæ nunc eveniunt (etiamsi alia dees-
« sent argumenta) nimis jam multa de-
« monstrant (5). »

His igitur inhærentes sensibus quos in
pluribus Allocutionibus Nostris constanter
professi sumus, responsione Nostra ad
Regem data, injustas ejus postulationes
reprobavimus, ita tamen ut acerbum do-
lorem Nostrum paternæ charitati conjunc-
tum ostenderemus, quæ vel ipsos filios
rebellem Absalon imitantes nescit a sua
sollicitudine removere.

Hisce autem litteris nondum ad Regem
perlatis, ab ejus interea exercitu pontificiæ
Nostræ ditionis intactæ hactenus et paci-
ficæ urbes occupatæ fuerunt, præsidiariis
militibus, ubi resistere conati fuerant, facile disjectis ; ac brevi deinde infaustus
ille dies proxime elapsi septembris vicesi-
mus illuxit, quo hanc Urbem Apostolorum
Principis Sedem ; catholicæ religionis cen-
trum omniumque gentium perfugium multis armatorum millibus obsessam vidimus,
factaque murorum labe et excussorum
missilium terrore intra ipsam illato, vi et
armis expugnatam deplorare debuimus
ejus jussu, quia paulo ante filiali in Nos

---

(5) Litt. Apost., 10 juin 1809.

11

affectu et fideli in religionem animo esse tam insigniter professus fuerat.

Quidnam Nobis ac bonis omnibus illo die luctuosius esse potuit? in quo copiis Urbem ingressis, magna factiosorum adventitia multitudine repleta Urbe, vidimus statim publici ordinis rationem perturbatam et eversam, vidimus in Nostræ humilitatis persona Supremi ipsius Pontificatus dignitatem et sanctitatem impiis vocibus impetitam, vidimus fidelissimas Nostrorum militum cohortes omni contumeliarum genere affectas, atque effrenem late licentiam ac petulentiam dominari, ubi paulo ante filiorum affectus communis Parentis mœrorem relevare cupientium eminebat. Ab eo deinde die ea sub oculis nostris consequuta sunt, quæ non sine justa bonorum omnium indignatione commemorari possunt : nefarii libri mendaciis, turpitudine, impietate referti ad facilem emptionem proponi cœpti et passim disseminari; multiplices ephemerides in dies vulgari ad corruptelam mentium et honesti moris, ad contemptum et calumniam religionis, ad inflammandam contra Nos et hanc Apostolicam Sedem publicam opinionem spectantes; fœdæ indignæque imagines publicari, aliaque hujus generis opera, quibus res personæque sacræ ludibrio habentur et irrisioni publicæ exponuntur; decreti honores et monumenta iis qui judicio et legibus pœnas gravissimorum criminum dederunt; Ecclesiæ ministri, in quos omnis conflatur invidia, plures injuriis lacessiti, ac aliqui etiam proditoriis percussionibus sauciati; nonnullæ religiosæ domus injustis conquisi-

12

saut par les ordres de celui-là même qui, quelques jours auparavant, protestait si énergiquement de son amour filial pour nous et de sa fidélité à la religion.

Quel jour de deuil pour nous et pour tous les hommes de bien! Alors une multitude immense d'aventuriers factieux pénètrent dans Rome à la suite des troupes et la remplissent; l'ordre public est aussitôt troublé et renversé, des vociférations impies attaquent dans notre humble personne la dignité et la sainteté du pontificat suprême, les cohortes de nos fidèles soldats sont en butte à des avanies de toute sorte, et la licence la plus effrénée règne là où naguère l'amour des enfants s'efforçait d'adoucir la douleur du Père commun. Dès lors, nous avons vu se dérouler sous nos yeux des faits qu'on ne peut rapporter sans exciter la juste indignation de tous les honnêtes gens. Des brochures infâmes remplies de mensonges, de turpitudes et d'impiétés, offertes à vil prix, ont été semées partout; de nombreux journaux ont été publiés chaque jour dans le but de corrompre les esprits et les cœurs, de calomnier et de faire mépriser la religion, et de soulever l'opinion publique contre nous et contre ce Siége apostolique; des gravures immondes et indignes, et autres œuvres du même genre, ont livré à la risée publique les choses et les personnes sacrées; des honneurs ont été décernés, des monuments ont été élevés à la mémoire de gens qui, coupables des plus grands crimes, ont été jugés et punis conformément aux lois; des ministres de l'Église, contre lesquels on excite toutes les haines, ont été accablés d'injures, quelques-uns même traîtreusement frappés et blessés; plusieurs maisons religieuses ont été soumises à d'iniques perquisitions; notre résidence du Quirinal a été violée ; un des Cardinaux de la sainte Église qui y avait sa demeure, a été contraint violemment de s'en éloigner; d'autres ecclésiastiques de notre maison ont été également obligés de quitter cette demeure après toutes sortes de vexations; enfin des lois et des décrets ont été rendus, qui lèsent et ruinent manifestement la liberté, l'immunité, les propriétés et les droits de l'Église de Dieu. Tous ces maux, nous le prévoyons avec douleur, s'aggraveront encore, si la miséricorde de Dieu ne les arrête, et nous-même, incapable, par la situation qui nous est faite, d'y apporter remède, nous sentons chaque jour plus vivement l'état de captivité où nous sommes et la privation de cette pleine et entière liberté qu'un Gouvernement intrus affirme au monde nous avoir laissée pour l'exercice de notre ministère apostolique et qu'il se vante de protéger par ce qu'il appelle des garanties nécessaires.

Et ici, nous ne pouvons passer sous silence le monstrueux attentat que vous connaissez tous, VV. FF. Comme si les possessions et les droits du Siége apostolique, droits sacrés et inviolables à tant de titres, et depuis tant de siècles toujours reconnus comme certains et inébranlables, pouvaient être mis en doute et en discussion; comme si la rébellion et l'audace populaire pouvaient faire perdre leur efficacité aux terribles censures sous lesquelles tombent *ipso facto*, et sans autre déclaration, les violateurs de ces droits et de ces possessions, pour donner une cou-

tionibus subjectæ; violatæ Nostræ Quirinales domus, atque ex iis ubi Sedem habebat unus e S. R. E. Cardinalibus violento jussu raptim abire coactus, aliique ecclesiastici viri e familiarium Nostrorum numero ab illarum usu exclusi et molestiis affecti ; leges et decreta edita quæ libertatem, immunitatem, proprietates et jura Ecclesiæ Dei manifeste lædunt ac pessumdant. Quæ mala gravissima latius etiam, nisi Deus propitius avertat, progressura esse dolemus, dum Nos interim ab ullo aliquo remedio afferendo conditionis Nostræ ratione præpediti vehementius in dies admonemur de ea captivitate, in qua sumus ac de defectu plenæ illius libertatis, quam Nobis relictam esse in apostolici Nostri ministerii exercitio Orbi mendacibus verbis ostenditur, et necessariis, quas appellant, cautionibus firmari velle ab intruso Gubernio jactatur.

Neque hic præterire possumus immane facinus quod vobis profecto innotuit, VV. FF. Perinde enim ac Sedis apostolicæ possessiones et jura tot titulis sacra atque inviolabilia , ac per tot sæcula semper explorata et inconcussa habita in controversiam ac disceptationem revocari possent et quasi censuræ gravissimæ quibus ipso facto et absque ulla nova declaratione violatores prædictorum jurium et possessionum innodantur, populari rebellione atque audacia vim suam amittere possent, ad sacrilegam quam passi sumus expoliationem honestandam, communi naturæ ac gentium jure despecto, quæsitus est ille apparatus ac ludicra plebisciti species alias in provinciis Nobis ademptis usurpata ; et qui exultare solent in rebus pessimis hac occasione rebellionem et ecclesiasticarum censurarum contemptum, veluti triumphali pompa, per italicas urbes præferre non erubuerunt, contra germana sensa longe maximæ Italorum partis, quorum religio, devotio ac fides erga Nos et Ecclesiam sanctam multis modis compressa, quominus libere manare possit, impeditur.

Nos interim qui a Deo universæ domui Israel regendæ et gubernandæ præpositi et supremi religionis ac justitiæ vindices et Ecclesiæ jurium defensores constituti sumus, ne coram Deo et Ecclesia tacuisse ac silentio Nostro tam iniquæ rerum perturbationi assensum præstitisse redarguamur, renovantes et confirmantes, quæ in superius citatis Allocutionibus, Encyclicis ac Brevibus litteris alias solemniter declaravimus ac novissime in protestatione, quam jussu ac nomine Nostro Cardinalis publicis negotiis præpositus ipso vicesimo septembris die, ad Oratores, Ministros et Negotiorum gestores exterarum nationum apud Nos et hanc S. Sedem commorantes dedit, solemniori quo possumus modo iterum coram Vobis, VV. FF., declaramus, Nostram mentem propositum et voluntatem esse omnia hujus S. Sedis dominia ejusdemque jura integra intacta inviolata retinere atque ad successores

14

lour d'honnêteté à la spoliation sacrilége qu'on nous a fait subir au mépris du droit naturel et du droit des gens, on a eu recours à cet appareil, à ce jeu du plébiscite que l'on avait déjà employé lorsqu'on nous ravit nos provinces. Alors, des hommes qui ont coutume de se glorifier de l'énormité de leurs attentats n'ont pas rougi de promener triomphalement, à cette occasion, à travers les villes d'Italie la révolte et le mépris des censures ecclésiastiques, contrairement aux sentiments naturels de la partie dite italienne incomparablement la plus nombreuse dont la religion, le dévouement et la fidélité envers nous et la sainte Eglise ont été étouffés de toutes manières et empêchés de se manifester librement.

Pour nous, que Dieu a préposé à l'administration et au gouvernement de toute la maison d'Israël, et qu'il a constitué le vengeur suprême de la religion et de la justice, le défenseur des droits de l'Eglise, ne voulant pas être accusé devant Dieu et devant l'Eglise d'avoir gardé le silence et par là consenti à une perturbation si inique, nous renouvelons et confirmons ce que nous avons d'ailleurs solennellement déclaré dans les Allocutions, Encycliques et Brefs mentionnés plus haut, et dernièrement encore dans la protestation que, par notre ordre et en notre nom, le Cardinal préposé aux affaires publiques a adressée, le 20 septembre, aux ambassadeurs, ministres et chargés d'affaires des nations étrangères, résidant auprès de nous et de ce Saint-Siége, et nous déclarons en outre devant vous, VV. FF., de la manière la plus solennelle, que notre intention, notre ferme propos et notre volonté est de retenir et de transmettre à nos successeurs tous les domaines de ce Saint-Siége et tous ses droits dans leur intégrité, que toute usurpation de ces droits et de ces possessions, ancienne ou récente, est injuste, l'effet de la violence, nulle de plein droit et sans valeur; enfin que tous les actes des envahisseurs, déjà accomplis ou qui le seraient plus tard, pour confirmer cette usurpation de quelque manière que ce puisse être, sont à présent *nunc pro tunc* condamnés, annulés, cassés et abrogés par nous.

Nous déclarons encore et nous affirmons devant Dieu et devant l'univers catholique tout entier que nous sommes dans une captivité telle que nous ne pouvons en aucune façon exercer en sûreté, facilement et librement, notre suprême autorité pastorale. Enfin, obéissant à cet avis de saint Paul : « Que peut-il y avoir « de commun entre la justice et l'iniquité, « entre la lumière et les ténèbres, entre le « Christ et Bélial ? » nous déclarons et proclamons hautement et publiquement que, ayant présent le devoir de notre charge et le serment qui nous lie, nous ne consentirons jamais et nous ne donnerons jamais notre assentiment à une conciliation qui détruirait ou diminuerait en quelque manière que ce soit nos droits, qui sont les droits de Dieu et de ce Saint-Siége. De même, nous protestons que nous sommes prêt, avec le secours de la grâce divine, malgré le poids de notre âge, à boire jusqu'à la lie pour l'Église du Christ le calice que lui-même a daigné

Nostros transmittere ; quamcumque eorum usurpationem, tam modo quam antea factam, injustam, violentam, nullam irritamque esse, omniaque perduellium et invasorum acta, sive quæ hactenus gesta sunt, sive quæ forsitan in posterum gerentur ad prædictam usurpationem quoquo modo confirmandam, a Nobis etiam nunc pro tunc damnari, rescindi, cassari et abrogari.

Declaramus præterea et protestamur coram Deo et universo orbe catholico Nos in ejusmodi captivitate versari, ut supremam Nostram pastoralem auctoritatem tuto expedite ac libere minime exercere possimus. Tandem monito illo S. Pauli obtemperantes : « Quæ participatio injusti- « tiæ cum iniquitate ? aut quæ societas « luci ad tenebras ? Quæ autem conventio « Christi ad Belial (6) ? » palam aperteque edicimus ac declaramus Nos memores officii Nostri et solemnis jurisjurandi quo tenemur, nulli unquam conciliationi assentiri vel assensum præstituros, quæ ullo modo jura Nostra atque adeo Dei et Sanctæ Sedis destruat vel imminuat. Itidemque profitemur Nos paratos quidem divinæ gratiæ auxilio, gravi Nostra ætate, usque ad fecem pro Christi Ecclesia calicem bibere quem Ipse prior bibere pro eadem dignatus est, nunquam commissuros ut iniquis postulationibus quæ Nobis offeruntur adhæreamus atque obsecundemus. Uti enim prædecessor Noster

---

(6) 2. Cor., VI, 14 et 15.

15

Pius VII aiebat : « Vim huic summo Sedis « apostolicæ imperio afferre, temporalem « ipsius potestatem a spirituali discerpere, « Pastoris et Principis munia dissociare, « divellere, exscindere, nihil aliud est « nisi opus Dei pessumdare ac perdere « velle, nihil nisi dare operam ut religio « maximum detrimentum capiat, nihil « nisi eam efficacissimo spoliare præsi- « dio, ne summus ipsius Rector, Pastor « Deique Vicarius in Catholicos quoque « terrarum sparsos atque inde auxilium « et opem flagitantes, conferre subsidia « possit, quæ a spirituali Ipsius, per ne- « minem impedienda, petuntur potes- « tate (7). »

Quoniam vero Nostra monita, expostulationes et protestationes in irritum cesserunt, idcirco auctoritate omnipotentis Dei, SS. Apostolorum Petri et Pauli ac Nostra vobis, VV. FF., ac per vos universæ Ecclesiæ declaramus, eos omnes qualibet dignitate etiam specialissima mentione digna, fulgentes, qui quarumcumque provinciarum Nostræ ditionis atque almæ hujus Urbis invasionem, usurpationem, occupationem vel eorum aliqua perpetrarunt, itemque ipsorum mandantes, fautores, adjutores, consiliarios, adhærentes vel alios quoscumque prædictarum rerum exequutionem quolibet prætextu et quovis modo procurantes vel per seipsos exequentes, majorem excommunicationem

boire pour elle le premier, et que jamais on ne nous verra donner notre adhésion et notre consentement aux propositions qui nous sont faites. Comme le disait notre prédécesseur Pie VII : « Faire violence à « ce souverain pouvoir du Siége aposto- « lique, séparer sa puissance temporelle « de sa puissance spirituelle, rompre le « lien qui unit la charge du prince à celle « du pasteur, c'est fouler aux pieds et dé- « truire l'œuvre de Dieu, porter à la re- « ligion le plus grand dommage, lui en- « lever sa sauvegarde la plus efficace et « mettre le Pasteur suprême, le Vicaire « de Dieu, dans l'impossibilité de faire « parvenir aux catholiques répandus par « toute la terre, les secours qu'ils ré- « clament de son pouvoir spirituel dont « personne n'a le droit d'entraver l'ac- « tion. »

Et puisque nos avertissements et nos protestations ne sont pas écoutés, en vertu de l'autorité de Dieu tout-puissant, des saints Apôtres Pierre et Paul et de la nôtre, nous vous déclarons à vous, VV. FF., et par vous à l'Église universelle, que tous ceux, quelle que soit leur dignité, fût-elle digne de mention spéciale, qui ont accompli l'invasion, l'usurpation, l'occupation des provinces de notre domaine et de notre ville de Rome, ainsi que leurs mandants, fauteurs, aides, conseillers, adhérents et tous autres qui, sous quelque prétexte ou de quelque manière que ce soit, ont exécuté ou procuré l'exécution des actes susdits, ont encouru l'excommunication majeure et les autres

---

(7) Alloc. 16 Martii 1808.

16

censures et peines ecclésiastiques infligées par les canons, les constitutions apostoliques et les décrets des Conciles généraux, particulièrement du Concile de Trente (*sess.* 22, *c.* 11 *de Reform.*), selon la forme et teneur exprimée dans Notre lettre apostolique du 26 mars 1860, rappelée ci-dessus.

Mais, nous souvenant que nous tenons sur la terre la place de Celui qui est venu chercher et sauver ce qui avait péri, nous ne désirons rien avec plus d'ardeur que d'embrasser dans notre paternelle charité nos fils égarés revenant à nous. C'est pourquoi, levant nos mains vers le ciel, dans l'humilité de notre cœur, nous remettons et recommandons à Dieu cette cause si juste qui est plutôt la sienne que la nôtre, et nous le conjurons en même temps par les entrailles de sa miséricorde, de nous envoyer, d'envoyer à son Église un secours efficace, et de faire, dans sa miséricorde et sa bonté, que les ennemis de l'Église pensent aux châtiments éternels qu'ils se préparent, s'efforcent d'apaiser sa redoutable justice avant le jour de la vengeance, apaisent par leur conversion les gémissements de notre sainte mère l'Église, et consolent notre douleur.

Pour obtenir ces insignes bienfaits de la divine clémence, nous vous exhortons avec instance, VV. FF., à joindre à nos vœux vos ferventes prières et celles des Fidèles qui sont confiés à chacun de vous. Pressons-nous tous ensemble auprès du trône de la grâce et de la miséricorde, prenons pour intercesseurs l'Immaculée Vierge Marie, Mère de Dieu, et les bienheureux Apôtres Pierre et Paul. « Depuis

aliasque censuras et pœnas ecclesiasticas a sacris Canonibus, apostolicis constitutionibus et generalium Conciliorum, Tridentini præsertim (Sess. 22, c. 11 de Reform.) decretis inflictas incurrisse juxta formam et tenorem expressum in superius commemoratis Apostolicis litteris Nostris die 26. mart. an. 1860 datis.

Memores vero Nos ejus locum tenere in terris qui venit quærere et salvum facere quod perierat, nihil magis optamus quam devios filios ad Nos revertentes paterna charitate complecti; quare levantes manus Nostras in cœlum in humilitate cordis Nostri dum Deo, cujus est potius quam Nostra, justissimam causam remittimus et commandamus, Eum per viscera misericordiæ suæ obsecramus obtestamurque, ut adsit præsenti auxilio Nobis, adsit Ecclesiæ suæ, ac misericors et propitius efficiat ut hostes Ecclesiæ æternam perniciem quam sibi moliuntur cogitantes, formidandam ejus justitiam ante diem vindictæ placare contendant, et mutatis consiliis sanctæ Matris Ecclesiæ gemitus Nostrumque mœrorem consolentur.

Quo vero hujusmodi tam insignia beneficia a divina clementia assequamur, Vos enixe ac summopere hortamur, VV. FF., ut una cum Fidelibus cujusque vestrum curæ concreditis, vestras fervidas preces Nostris votis conjungatis, atque omnes simul ad thronum gratiæ et misericordiæ adeuntes Immaculatam Deiparem Virginem Mariam et beatos Apostolos Petrum et Paulum deprecatores adhibeamus. « Ecclesia Dei ab

« exortu sui usque ad hæc tempora pluries « tribulata et pluries liberata est. Ipsius « vox est : *Sæpe expugnaverunt me a ju-* « *ventute mea, etenim non potuerunt mihi.* « *Supra dorsum meum fabricaverunt pec-* « *catores , prolongaverunt iniquitatem* « *suam.* Nec nunc quoque relinquet Do-« minus virgam peccatorum super sortem « justorum. Non est abreviata manus Do-« mini, nec facta impotens ad salvandum. « Liberabit et hoc tempore absque dubio « sponsam suam qui suo sanguine redemit « eam, suo spiritu dotavit, donis cœles-« tibus exornavit, ditavit nihilominus et « terrenis (8). »

Interim uberrima cœlestium gratiarum munera Vobis, VV. FF., cunctisque Cleris Laicisque Fidelibus cujusque vestrum vigilantiæ commissis a Deo ex animâ adprecantes, præcipuæ Nostræ erga vos charitatis pignus apostolicam Benedictionem vobis ipsis eisdemque dilectis Filiis ex intimo corde depromptam peramanter impertimus.

Datum Romæ apud S. Petrum die 1. novembris anno MDCCCLXX.

Pontificatus Nostri anno vicesimo quinto.

Pius PP. IX.

« sa naissance jusqu'à ce temps, l'Eglise « de Dieu a été bien des fois éprouvée et « bien des fois délivrée. C'est elle qui dit : « *Ils m'ont souvent combattue dès ma jeu-* « *nesse; mais ils n'ont pu prévaloir contre* « *moi. Les pécheurs ont frappé sur mon* « *dos, ils ont prolongé leur iniquité.* Cette « fois encore, le Seigneur ne laissera pas « la verge sur la tête des justes. La main « du Seigneur ne s'est pas raccourcie, « elle n'est pas devenue impuissante à « sauver. Maintenant encore, sans aucun « doute, il délivrera son épouse, lui qui « l'a rachetée de son sang, qui l'a dotée « de son esprit, et qui l'a enrichie des « dons du ciel sans néanmoins lui refuser « ceux de la terre. »

Cependant, VV. FF., demandant à Dieu, du fond du cœur, pour vous et pour les fidèles clercs et laïques confiés à votre vigilance, les dons les plus abondants des grâces célestes, comme gage de Notre charité particulière pour vous, Nous vous accordons et du fond du cœur, à vous et à ces chers fils, la Bénédiction apostolique.

Donné à Rome, près Saint-Pierre, le 1er novembre de l'année 1870, et de Notre Pontificat le vingt-cinquième.

Pie IX, Pape.

---

(8) S. Bern. Ep. 244. ad Conradum Reg.

18

PROMULGATION DU DÉCRET
CONCERNANT L'OFFICE DE SAINT PAUL DE LA CROIX.

DECRETUM URBIS ET ORBIS.

Inconfusibilis Evangelii præco extitit profecto sanctus Paulus a Cruce, qui a Domino hisce propemodum temporibus, undecima nempe hora, ad erudiendam plebem suam missus, mercedem plenam et supereffluentem accepit. Hic enim Christi passionibus communicans et per urbes ac pagos pertransiens verbum vitæ in æternitatis cibum alendæ Christifidelium familiæ dispendebat, doctrinæ opportunitate et veritate infirma confirmabat, disrupta consolidabat, et depravata convertebat; donec in exultatione metens quod in lacrymis seminaverat, manipulos plenissimos obiens in æterna taber-nacula portavit; spiritum vero suum Alumnis, quos sub Crucis vexillo congregaverat, reliquit ut in Vineæ cultura continuo adlaborarent.

Dextera autem Dei ad superos exaltatus in gloriæ hujus indicium portentis inter mortales resplenduit, quibus permotus sanctissimus Dominus Noster Pius Papa IX audito consilio Eminentissimorum et Reverendissimorum sanctæ romanæ Ecclesiæ Cardinalium, sacrorumque Antistitum, qui anno 1867 ex universo terrarum orbe ad colendum sæculare Principum Apostolorum Natalitium frequentissimi in Urbem convenerant, apostolicum hunc virum in Sanctorum Albo adscripsit.

Post amplissimos altarium honores ei tributos permulti ex iisdem sanctæ romanæ Ecclesiæ Patribus Cardinalibus, sacrorumque Antistitibus quo facilius Christifideles ad Crucis amorem ita excitarentur, ut nil aliud scire judicarent nisi Jesum et hunc Crucifixum, a sanctissimo Domino Nostro Pio Papa IX postularunt ut Officium et Missam sancti Pauli a Cruce, Congregationis Clericorum Excalceatorum a Cruce et Passione Domini Nostri Jesu Christi Institutoris, ad universam extenderet Ecclesiam. Eorum postulationibus a me subscripto sacrorum Rituum Congregationis Secretario eidem sanctissimo Domino Nostro fidelissime relatis, Sanctitas Sua apostolica Auctoritate decrevit ut deinceps festum sancti Pauli a Cruce cum Officio et Missa pro Clero Urbis approbatis die 11. julii anni superius memorati sub ritu duplici minori quotannis die 28. aprilis ab omnibus tam de Clero sæculari, quam Regularibus utriusque sexus, qui in Ecclesia universali ad Horas canonicas tenentur, celebraretur servata tamen Rubricarum dispositione. Contrariis non obstantibus quibuscumque. Die 14. januarii 1869.

C. Episcopus Portuen. et S. Rufinæ Card. Patrizi, S. R. C. Præfectus.

Loco ✝ Signi

Dominicus Bartolini, S. R. C. Secretarius.

CONCORDAT CUM ORIGINALI.

✝ H., CARD.-ARCH. ROTHOMAGENSIS.

19